Die **DaF** Bibliothek

AF196146

Liebe
bis in den Tod

A2/B1

Von Volker Borbein und Christian Baumgarten
Illustriert von Detlef Surrey

Cornelsen

Liebe bis in den Tod

Volker Borbein und Christian Baumgarten
mit Illustrationen von Detlef Surrey

Lektorat: Pierre Le Borgne
Layout: Annika Preyhs für Buchgestaltung+
Technische Umsetzung: Klein & Halm Grafikdesign, Berlin
Umschlaggestaltung: Ungermeyer, grafische Angelegenheiten
Umschlagfoto: Corbis/© Matt Frost/Robert Harding World Imagery/Corbis

www.cornelsen.de

Die Webseiten Dritter, deren Internetadressen in diesem Lehrwerk
angegeben sind, wurden vor Drucklegung sorgfältig geprüft.
Der Verlag übernimmt keine Gewähr für die Aktualität und
den Inhalt dieser Seiten oder solcher, die mit ihnen verlinkt sind.

1. Auflage, 3. Druck 2025

© 2016 Cornelsen Schulverlage GmbH, Berlin
© 2022 Cornelsen Verlag GmbH, Mecklenburgische Str. 53, 14197 Berlin,
E-Mail: service@cornelsen.de

Druck: Cornelsen Verlagskontor, Bielefeld

ISBN 978-3-06-120756-4

Inhalt gedruckt auf säurefreiem Papier aus nachhaltiger Forstwirtschaft.

Inhalt

Sie können diese spannende Geschichte auch über einen MP3-Player zu Hause, bei einer Auto-, Zug- oder Busfahrt anhören und genießen. (www.cornelsen.de/daf-bibliothek/audios)

Personen

Patrick Reich und seine Freundin Constanze lernen gemeinsam
Spanisch. Jemand aus ihrem Sprachkurs wird tot in einem Wald
aufgefunden. Patrick Reich hat einen Verdacht …

Die Hauptpersonen dieser Geschichte sind:

Manuela Fröhlich
Erzieherin, alleinstehend.
Sie möchte nicht nur
Spanisch lernen.

Tobias Jäger
Bankangestellter. Ist er krank?

Luise Abendrot
Vermieterin und Nachbarin
von Manuela Fröhlich.
Sie ist auf Hilfe angewiesen.
Manuela kümmert sich um sie.

Carmen Alonso
Spanische Kursleiterin
an der Volkshochschule.

Matthias Macht
Egoistischer Enkel von
Luise Abendrot.

Patrick Reich
Privatdetektiv. Wen verdächtigt er?

Constanze Zeigen
Lebensgefährtin von Patrick Reich.

Richard Tauber
Kriminalhauptkommissar.
Freund von Patrick Reich.

Orte der Handlung: Mallorca und Kassel
Zeit der Handlung: von April bis Anfang Juli

Kapitel | 1

„Die Sonne lacht. Lass uns spazieren gehen." Constanze
berührt[1] leicht die Hand ihres Freundes Patrick Reich.

„Geduld, Geduld, Constanze. Ich möchte in Ruhe meinen Kaffee austrinken. Vergiss nicht, wir sind im Urlaub und
5 haben Zeit, viel Zeit. Na ja, zumindest eine Woche." Patrick
streichelt[2] die linke Hand seiner Freundin. „Unser erster
gemeinsamer Urlaub im Ausland. Und nur wir beide. Kein
Telefon, keine Arbeit. Toll[3]!"

Patrick genießt den heißen spanischen Kaffee und die wun-
10 derbare Aussicht vor ihm. Sie sind in einem Hotel mit Blick
auf das Meer.

„Was wollen wir heute machen?", fragt Constanze, nach-
dem ihr Freund den Kaffee ausgetrunken hat. Ohne eine
Antwort ihres zehn Jahre älteren Freundes abzuwarten,
15 fährt sie fort: „Gestern Abend nach unserer Ankunft war es
schon dunkel. Sehen wir uns zuerst einmal die Umgebung
unseres Hotels an? Dann können wir uns entscheiden, ob
wir am Pool bleiben oder an den Strand gehen. Oder mieten
wir ein Auto, um die Insel Mallorca[4] zu entdecken, oder ...?"
20 Patrick unterbricht seine Freundin.

„Wir haben Zeit, Constanze, es muss nicht alles am ersten Urlaubstag sein."

---

1 anfassen
2 liebevoll berühren
3 Prima! Super!
4 spanische Insel im Mittelmeer; beliebtes Ferienziel von Deutschen;
   www.mallorca.com

Manchmal macht sich doch der Altersunterschied zwischen
Patrick und Constanze bemerkbar. Aber nur manchmal.
Patrick und Constanze stehen auf und gehen Hand in Hand
an den Hotelstrand. Touristen liegen im feinen Sand[5]. Sie
sonnen sich. Kinder spielen am Wasser. Junge Männer und 5
Frauen spielen Volleyball. Zuschauer begleiten die Spieler
in ihren Sprachen: Deutsch, Dänisch, Schwedisch, Finnisch.
Die Nordeuropäer sind froh, dass sie sich nach einem langen
Winter in sonniger Natur leicht bekleidet[6] bewegen können.
Ein Animateur fordert in mehreren Sprachen die Hotelgäste 10
zur Gymnastik auf: „Bewegung, auf geht's! Eins, zwei, eins,
zwei!" und hebt dabei die Arme auf und ab. Ältere Gäste sind
von den Übungen des Animateurs begeistert. Die jüngeren
bleiben lieber liegen.
Ein leichter warmer Wind weht. Der Himmel ist blau, das 15
Meer unendlich weit.
Patrick und Constanze entschließen sich, den Vormittag
am Strand zu verbringen. Patrick liest ein Buch. Constanze
hört Musik über ihren neuen iPod[7]. Nach einer Weile merkt
Patrick, dass Constanze eingeschlafen ist. Er dreht den Son- 20
nenschirm so, dass seine Freundin von der Sonne geschützt
schlafen kann. Es ist heiß geworden.
Vor dem Abendessen joggen Patrick und Constanze am
Strand. Sie genießen ihre Zweisamkeit[8].

5 sehr feine Steine am Ufer von Meeren
6 wenige Kleidungsstücke tragen
7 ein Gerät für die Wiedergabe von Musik
8 zu zweit sein; *Gegenteil:* Einsamkeit

In den nächsten Urlaubstagen entdecken die beiden die Insel. Mallorca blüht in allen Farben. Ein Traum. Sie beobachten seltene Vögel. In idyllischen[9] Häfen riechen sie frischen Fisch. Fischer bringen ihn auf malerische[10] Märkte und in Restaurants.

Patrick und Constanze sind glücklich.

Kapitel | 2

„Worauf hast du Lust, Constanze?"

„Auf ein typisch spanisches Restaurant und auf frischen Fisch."

„Gute Idee, der Kellner hat mir gestern einen Tipp[11] gegeben. Zehn Kilometer von unserem Hotel entfernt gibt es ein 5 Restaurant. Die Fischgerichte sind bei den spanischen Inselbewohnern bekannt und beliebt. Der Besitzer kocht selbst und verkauft seinen eigenen Wein."

„Das hört sich sehr gut an", sagt Constanze. „Wie kommen wir zu dem Lokal?" 10

„Mit dem Taxi. Unser Mietauto können wir nicht mehr nehmen. Das geben wir gleich ab."

11 nützlicher Rat(schlag)

„Muss ich mich schön machen?", fragt Constanze. Liebevoll blickt Patrick sie an.

„Schön machen?", fragt er zurück. „Du bist schön, Constanze. Zieh die blaue Bluse an, die steht dir besonders gut."

5 Constanze wird rot.

Das Restaurant liegt auf einem Berg. Es befindet sich in einem typisch alten Landhaus, das modernisiert wurde. Kleine Fenster wurden durch große ersetzt[12]. Der Blick nach draußen ist einzigartig. Constanze und Patrick haben das 10 Gefühl, sich in einem Garten zu befinden: Blumen überall. Das Restaurant bietet Platz für vierzig bis fünfzig Personen. An den großen Tischen sitzen Familien, an den kleineren haben Paare Platz genommen.

Ein Kellner führt Patrick und Constanze zu ihrem reservier-15 ten Tisch mit Blick auf das Meer. Patrick und Constanze lesen die Speisekarte. Beide sind ratlos[13]. Sie wissen nicht, was sie bestellen sollen. Sie können die Speisekarte nicht lesen. Sie ist nur in Spanisch geschrieben. Constanze ruft den Kellner. Sie blickt zuerst auf die Speisekarte und sieht 20 dann den Kellner an. Der Kellner lacht freundlich. Er nimmt Constanze mit in die Küche. Nach wenigen Minuten kommt Constanze an ihren Tisch zurück.

„Und?"

„Lass dich überraschen, Patrick."

25 Noch nie haben Constanze und Patrick so gut gegessen. Zum Abschluss des Essens trinken sie einen Likör[14]. Constanze prostet[15] Patrick zu.

---

12 (aus)wechseln
13 sehr unsicher
14 süßes alkoholisches Getränk
15 sein Glas heben und zu jemandem „Prost" sagen

„Weißt du was, Liebling?"

„Nein", antwortet Patrick, „aber du wirst es mir gleich sagen."

„Lass uns Spanisch lernen."

„Tolle Idee, das machen wir." 5

Vor zwei Jahren haben sich die beiden in einem Französisch-kurs an der Volkshochschule[16] kennengelernt. Aus der Liebe zur französischen Sprache wurde die Liebe zwischen Patrick und Constanze.

„Ich hoffe nur, dass du dich in dem Spanischkurs nicht in 10 eine andere Frau verliebst."

„Das ist meine Antwort.", sagt Patrick und umarmt sie ganz fest.

Constanze ist glücklich.

16 eine Einrichtung für die Erwachsenen- und Weiterbildung

Kapitel | 3

„Guten Tag, Privatdetektiv Patrick Reich. Was kann ich für
Sie tun?"

„Ich weiß nicht, was ich sagen soll. Es ist also so … Meine
Frau verhält sich seit einigen Wochen sehr merkwürdig[17].
5 Könnten Sie vielleicht …"
Patrick Reich unterbricht[18] das Gespräch.

„Sagen Sie bitte zuerst Ihren Namen. Dann …" Weiter kommt er nicht. Der Anrufer hat aufgelegt. So etwas
geschieht öfter. Der Anrufer hat plötzlich nicht mehr den
10 Mut zu sagen, um was es sich handelt.

---

17 anders als normal
18 nicht ausreden lassen

Patrick hat den ganzen Vormittag telefoniert. Die Routine des Alltags hat ihn wieder. Der wunderbare Urlaub mit Constanze auf Mallorca liegt erst wenige Tage zurück.

„Guten Tag, Privatdetektiv Patrick Reich. Was kann ich für Sie tun?" 5

„Hier Steuerbüro Lenhard. Wir benötigen noch Unterlagen für die Steuererklärung[19]. Es handelt sich ..."

„Augenblick, bitte, ich habe einen Anruf auf der anderen Leitung[20] ... Guten Tag, Patrick Reich."

„Das darf doch nicht wahr sein! Ich bin es, Constanze. 10 Hast du meine Stimme nicht erkannt?"

„Entschuldige Constanze, seit der Rückkehr aus dem Urlaub geht alles drunter und drüber[21]. Merkwürdige Anrufe, der Steuerberater. Ich rufe später zurück. Küsschen. Ich dich auch." 15

Patrick verspricht dem Steuerberater, die fehlenden Unterlagen im Laufe der Woche vorbeizubringen. Er schaut aus dem Fenster. Von seinem Büro aus hat er einen herrlichen Blick über die documenta-Stadt Kassel[22]. Das Büro spiegelt die Person des Detektivs wider. Einfach und praktisch, mit 20 einer persönlichen Note: ein Poster mit Max und Moritz[23] in Übergröße.

Patrick nimmt eine Zigarette. Er steckt sie in den Mund. Er sieht auf seinem Schreibtisch das Foto von Constanze.

---

19 für das Finanzamt Angaben über sein Gehalt machen
20 *hier:* ein anderes Gespräch
21 chaotisch
22 *www.kassel.de*
23 witzige Figuren des Zeichners und Dichters Wilhelm Busch
(1832-1908)

Sie hat ihrem Freund das Rauchen verboten. Einen Augenblick kämpft Patrick mit sich. Er legt die Zigarette zurück.

„Guten Tag. Bin ich mit dem Anmeldungsbüro der Volkshochschule Region Kassel[24] verbunden?"

5 „Ja, was können wir für Sie tun?"

„Ich möchte mit meiner Freundin an einem Spanischkurs für Anfänger teilnehmen."

„Welcher Tag und welche Zeit kommt für Sie in Frage? Möchten Sie an einem Kurs am Wochenende oder an einem

10 Intensivkurs teilnehmen?"

„Am liebsten wäre uns ein Kurs am Donnerstagabend."

„Augenblick bitte, ich sehe im Computer nach. Passt Ihnen der Donnerstagabend von 20 Uhr bis 21.30 Uhr?"

„Perfekt. Ist eine telefonische Anmeldung möglich?"

15 „Selbstverständlich."

„Mit wem habe ich gesprochen?", fragt Patrick Reich.

„Holger Horcheim, Programmbereichsleiter Sprachen."

Kurz darauf ruft Patrick seine Freundin an.

„Hallo Constanze, ich habe uns eben für einen Spanisch-

20 kurs angemeldet. Beginn nächste Woche Donnerstag. Treffen wir uns nachher beim Spanier[25]?"

„Gerne."

„Tschüs[26]."

---

24 *www.vhs-nordhessen.de*
25 in einem spanischen Restaurant
26 auf Wiedersehen

Kapitel | 4

Donnerstag, 24. April, 20.45 Uhr

„Wir machen eine kleine Pause", sagt Carmen Alonso, die
spanische Kursleiterin. Die Teilnehmer, fünf Frauen und drei
Männer, stehen auf. Sie sprechen miteinander. Die Kursteilnehmer reden sich mit Vornamen an. Das hat Carmen 5
Alonso vorgeschlagen. Auf den Tischen stehen Namens-
schilder. Die meisten Kursbesucher wollen für ihren nächsten Urlaub Spanisch lernen.
Vor der Pause hat Tobias neben Patrick gesessen. Jetzt ist
der Platz leer. Patrick fragt sich, warum Tobias den Platz 10
gewechselt hat. Tobias sitzt neben Manuela. Die Neugier
von Patrick ist geweckt. Er beobachtet die beiden.
Der Kugelschreiber[27] von Manuela fällt auf den Boden.
Tobias und Manuela bücken[28] sich zur selben Zeit, um den

---

27 Gegenstand zum Schreiben
28 sich nach unten bewegen

Kugelschreiber aufzuheben. Dabei berührt Tobias Manuelas Hand und hält sie für zwei Sekunden fest. Manuela wird rot. Manuela sieht fast aus wie eine Spanierin. Sie ist schlank, hat kurze dunkle Haare und braune Augen. Tobias hat blon-
5 des kurzes Haar. Er trägt einen eleganten Anzug[29]. Er ist 1,84 m groß, etwa zehn Zentimeter größer als Manuela. Ein schwarzer Koffer aus Leder steht neben seinem Stuhl. Auf dem Tisch liegt sein Autoschlüssel. „Er fährt einen BMW", denkt Patrick.
10 „Patrick, lesen Sie bitte laut." Constanze zeigt ihrem Freund mit dem Finger, was er im Buch lesen soll.

21.30 Uhr

Der erste Kursabend ist zu Ende. Constanze und Patrick sind zufrieden. Sie können auf Spanisch sagen, wie sie hei-
15 ßen, woher sie kommen und welchen Beruf sie haben. Und Patrick hat erfahren, dass Manuela achtundzwanzig Jahre jung ist, als Erzieherin in einem Kindergarten arbeitet und einen roten Kater hat. Patrick ist nicht erstaunt, dass Tobias Bankkaufmann ist. Der Beruf passt zu seinem Aussehen. Er
20 lernt aus beruflichen Gründen Spanisch. Er ist geschieden[30] und zwei Jahre älter als Patrick.
Als Patrick mit Constanze die Volkshochschule verlässt, sieht er Manuela und Tobias. Tobias geht dicht hinter der Erzieherin.
25 Ein Detektiv ist immer im Dienst.

---

29 lange Hose und Jacke aus dem gleichen Stoff
30 die Ehe besteht nicht mehr

Kapitel | 5

Samstag, 17. Mai gegen 17.00 Uhr

Manuela Fröhlich hat es sich in ihrer 70 m² großen Wohnung gemütlich gemacht. Plakate an den Wänden erinnern
Manuela an geplante Reisen: Spanien, Balearen[31], Kanari-
sche Inseln[32] und Mexiko. 5
Sie hat den bequemen Sessel in ihrem Arbeitszimmer in die
Nähe des Fensters gestellt. Heute hat Manuela frei. Endlich
kann sie das wiederholen, was in den drei letzten Kursaben-
den durchgenommen[33] wurde. Manuela lernt mit Freude
Spanisch. Nur die unregelmäßigen Verben bereiten ihr 10

31 spanische Inselgruppe im westlichen Mittelmeer
32 spanische Inselgruppe im Atlantik
33 sich im Unterricht mit einem Thema gründlich beschäftigen

Schwierigkeiten. Ihr roter Kater Max liegt auf dem Schreibtisch. Er beobachtet Manuela hinter halb verschlossenen Augen. Manchmal steht sie auf. Sie geht zum Schreibtisch. Sie streichelt[34] den Kater, sie setzt sich dann wieder und
5 lernt weiter.

Manuela sieht aus dem Fenster. Sie kann den Moselweg[35] gut überblicken. Viel Verkehr gibt es dort nicht. Manuela wohnt in einer ruhigen Straße, in der im Allgemeinen nur die Autos der Bewohner geparkt sind.

10 Manuela wundert sich. Etwa dreißig Meter von ihrer Wohnung entfernt parkt auf der gegenüberliegenden Straßenseite ein blauer BMW. Und das schon seit einiger Zeit.

„Das kann doch nicht sein", denkt Manuela laut. Da sie meistens alleine lebt, hat sie die Angewohnheit[36], manchmal mit
15 sich selbst zu reden.

Die Erzieherin denkt nach: „In den vergangenen drei Wochen habe ich dieses Auto schon häufiger gesehen: vor dem Schwimmbad, in dem ich dreimal in der Woche schwimme, vor dem Supermarkt, in dem ich immer einkaufe und sehr
20 oft vor dem Kindergarten, in dem ich arbeite." Manuela versucht angestrengt, sich an Einzelheiten zu erinnern. „Natürlich! Es ist der schwarz-weiße Sylt[37]-Aufkleber."

Manuela wird unruhig. Zufall oder nicht?

„Und was haben die Blumen zu bedeuten, die heute Morgen
25 vor meiner Wohnungstür lagen? Gibt es einen Zusammenhang zwischen dem BMW, den Blumen und den häufigen

34 liebevoll berühren
35 kleine Straße im Flüsseviertel von Kassel
36 Eigenheit
37 nördlichste deutsche Insel; *www.sylt.de*

anonymen Telefonanrufen? Und stand vorgestern nicht der Sessel an einer anderen Stelle in der Wohnung?"

Manuela legt das Spanischbuch beiseite. Sie kann sich nicht mehr konzentrieren. Ein Gefühl der Angst kommt in ihr hoch, langsam, ganz langsam. 5

Manuela wischt kalten Schweiß[38] von ihrer Stirn.

Manuela beginnt zu zittern[39].

---

38 Transpiration
39 kleine unkontrollierte Bewegungen machen (aus Angst, Wut, Nervosität)

Kapitel | 6

Samstag, 7. Juni gegen 19.00 Uhr

Manuela geht in die Wohnung von Frau Abendrot im 1. Stock.
Frau Abendrot hat Schwierigkeiten, sich zu bewegen. Manuela hat einen Wohnungsschlüssel für alle Fälle. Während der
5 Woche hat die Erzieherin kaum Zeit, sich mit ihrer Vermieterin zu unterhalten.

„Guten Abend, Frau Abendrot, wie war Ihr Tag heute?"

„Ach, Manuela, schön, dass Sie da sind. Ich habe schon
auf Sie gewartet. Sie sind heute die erste Person, mit der ich
10 spreche. Im Alter wird man einsam. Meine Freunde und Ver-
wandten leben nicht mehr. Nur Sie kümmern sich um mich."

„Aber Frau Abendrot, Sie haben doch noch Ihren Enkel Matthias. War er nicht vor zwei Tagen bei Ihnen? Ich finde ihn sehr freundlich."

„Sie täuschen[40] sich. Er kommt immer nur, wenn er etwas braucht. Immer wenn er kommt, will er Geld. Er setzt mich 5 unter Druck. Ich soll für jeden Besuch bezahlen. Bei seinem letzten Besuch habe ich ihm gesagt, dass ich ihm kein Geld mehr gebe. Dieser undankbare Mensch. Schon seine Mutter hat er immer um Geld gebeten."

„Aber Frau Abendrot, er ist doch Ihr einziger Verwandter." 10

„Ich weiß nicht einmal, was er beruflich macht. Hat er überhaupt einen Beruf? Noch nie hat er Blumen mitgebracht. Bevor er mein Vermögen bekommt, vermache[41] ich alles Ihnen, Manuela."

„Frau Abendrot, ich möchte mich noch für die Blumen 15 bedanken, die heute vor meiner Tür lagen", fällt ihr Manuela ins Wort, um das Thema zu wechseln.

„Welche Blumen? Die sind nicht von mir. Bestimmt haben Sie einen neuen Verehrer[42]! Ist er nett? Ist es ein blonder junger Mann? In den letzten Wochen habe ich oft einen 20 blauen BMW in unserer Straße gesehen."

„Frau Abendrot, ich bin alleine, ich habe niemand, ich … ich … wo soll ich denn jemand kennenlernen?" Wieder kommt ein Gefühl der Angst in ihr hoch. „Frau Abendrot, ich schaue später noch mal bei Ihnen vorbei." 25

„Das ist lieb von Ihnen. Bitte schließen Sie die Haustür. Sie wissen doch, ich bin ein wenig ängstlich."

40 sich irren
41 schenken
42 Fan

Manuela geht in ihre Wohnung. Sie öffnet die Fenster im Wohnzimmer. Manuela denkt an das Gespräch mit Frau Abendrot. Ihr wird schlecht. Das Telefon klingelt wieder. Manuela nimmt den Hörer ab und schreit:

5 „Hallo, wer spricht da? Sagen Sie endlich, wer Sie sind. Was wollen Sie? Lassen Sie mich endlich in Ruhe."

Sie knallt den Hörer auf[43].

---

43 den Hörer sehr laut auflegen

Kapitel | 7

Sonntag, 15. Juni, 9.00 Uhr

Der schönste Tag in der Woche ist für Manuela der Sonntag.
Sie bleibt bis 9 Uhr im Bett, hört ihren Lieblingssender, den
„Deutschlandfunk"[44], und spielt mit Max.
Es ist ein wunderschöner warmer Frühlingsmorgen. Manu- 5
ela steht langsam auf, geht in die Küche und bereitet ihr
Frühstück vor. Max macht sich bemerkbar. Er will raus.
Manuela öffnet die Haustür, um den Kater in den Garten zu
lassen.
Vor der Haustür liegt auf dem Boden ein Brief. Manuela hebt 10
ihn auf. Er ist an sie adressiert. Sie nimmt ihn in die Küche
mit. Es duftet[45] nach frischem Kaffee.

44 Radiosender; *www.dradio.de*
45 einen angenehmen Geruch haben

Manuela gießt sich eine Tasse Kaffee ein und öffnet neugierig den Briefumschlag.

Liebste Manuela,

ich muss Ihnen schreiben. Allein der Gedanke, dass Sie
5 *einen Brief von mir in Ihren Händen halten, macht*
mich glücklich. Ich stelle mir vor, wie Sie den Brief
anfassen. Dabei sehe ich Ihre wunderschönen braunen
Augen vor mir.
Vielleicht trinken Sie gerade Kaffee. Ihre Lippen[46]
10 *berühren die Tasse. Ich muss immer an Sie denken.*
Ich möchte in Ihrer Nähe sein. Ich möchte Sie über-
all begleiten. Ich möchte mit Ihnen zusammen sein.
Immer. Beim Einkaufen, im Schwimmbad, morgens,
mittags, abends, nachts. Ich möchte Sie verwöhnen[47],
15 *Sie auf Händen tragen, mit Blumen überschütten. Ich*
weiß von anderen, dass Sie allein leben, einen wunder-
baren Kater haben und sich um Frau Abendrot küm-
mern. Ich weiß viel von Ihnen. Ich will noch mehr über
Sie wissen. Alles. Ich halte Sie in meinen Armen fest.
20 *Für immer.*
Ich liebe Sie und will und kann ohne Sie nicht mehr
leben.

Du gehörst mir.

---

46 der obere und untere Rand des Mundes
47 zu jemandem sehr nett sein

Manuela hat das Gefühl, keine Luft mehr zu bekommen. Sie öffnet hektisch[48] ihren Morgenmantel. Sie versucht durchzuatmen. Die Küche nimmt die Form eines Gefängnisses[49] an. Sie stößt die Kaffeetasse um. Der Kaffee macht die Unterschrift des Absenders unleserlich. Manuela steht auf und 5 öffnet die Fenster. Sie versucht sich zu beruhigen. Sie weiß nicht, wie lange sie den Psychoterror noch aushalten kann. Manuela ist froh, als das Wochenende vorbei ist. Sie verbringt eine unruhige Nacht, wie auch die folgenden Nächte. Sie freut sich auf den Spanischkurs. Sie hat besonders abends 10 Angst.

19. Juni, Donnerstag

Es ist der achte Kursabend. Carmen Alonso ist mit den Lernerfolgen ihrer Kursteilnehmer zufrieden.

20.50 Uhr
15

Die Kursleiterin bittet die Teilnehmer, Sätze von der Tafel abzuschreiben. Zufällig blickt Manuela in das Heft von Tobias. Diese Schrift hat sie schon einmal gesehen! Und dann sieht sie auch den BMW-Autoschlüssel. Tausend Gedanken gehen ihr durch den Kopf. Plötzlich ergibt alles 20 einen Sinn. Sie möchte etwas sagen, doch es kommen keine Worte über ihre Lippen. In Panik verlässt sie den Kursraum. Patrick Reich folgt ihr.

48 sehr unruhig, nervös
49 Gebäude, in dem verurteilte Personen untergebracht sind

Kapitel | 8

Donnerstag, 19. Juni, 22.00 Uhr

Constanze, Patrick und Manuela sitzen im Wohnzimmer
der Erzieherin. Die Anwesenheit einer Frau tut Manuela
gut. Constanze hat ihren Arm um die Schulter von Manuela
gelegt. Patrick schweigt. Er wartet. Er weiß, dass die Situ-
5 ation für Manuela schwierig, sehr schwierig ist. Vor einem
Jahr konnte er einer Klientin in einer ähnlichen Lage helfen.
Manuela spricht mit leiser Stimme.
  „Ich glaube, Tobias Jäger hat sich in mich verliebt. Wenn ich
10 genau überlege, hat alles am ersten Kursabend in der Volkshochschule angefangen."
  „Das habe ich bemerkt. Nach der Pause saß er neben
Ihnen. Anfangs habe ich nicht verstanden, aus welchem

Grund er den Platz gewechselt hat. Wenn ich mich richtig erinnere, hat er Ihre Hand festgehalten, als Sie beide den Kugelschreiber aufheben wollten."

„Sie haben ein gutes Gedächtnis, Patrick."

„Ja, vielleicht. Nennen Sie es aber eher Instinkt[50]. Irgend- 5 wie habe ich gefühlt, dass Tobias Jäger Ihre Nähe suchte."

„Das hat er wirklich getan. Zuerst fand ich seine Höflichkeit charmant. Er machte mir Komplimente. Welche Frau hört sowas nicht gerne. In seiner Gegenwart hatte ich jedoch ein merkwürdiges Gefühl. In den letzten Wochen 10 hatte ich den Eindruck, dass mich jemand beobachtete: im Schwimmbad, beim Einkaufen, beim Spazierengehen. Und dann lagen mehrere Male Blumen vor meiner Wohnungstür. Das Telefon klingelte zu jeder Tageszeit. Wenn ich den Hörer abnahm, legte die Person sofort den Hörer auf. Patrick, Sie 15 halten mich vielleicht für verrückt, aber ich glaube sogar, dass jemand in meiner Wohnung war. Der Liebesbrief hat mir die Augen geöffnet. Jetzt finde ich für alles eine Erklärung. Wie soll es jetzt weitergehen? Patrick, helfen Sie mir bitte."   20

„Manuela, ich will es auf den Punkt bringen: Tobias Jäger ist ein Stalker[51]. Er möchte mit Ihnen eine enge Beziehung haben. Er ist aber nicht in der Lage, diese Beziehung auf einem normalen Weg zu erreichen. Das ist das Problem. Sie haben es am eigenen Leib erfahren[52]. Wenn ich Ihnen 25 einen Rat geben darf: Gehen Sie zur Polizei. Stalking wird in Deutschland bestraft."

50 Gefühl
51 stalking: jemanden verfolgen, terrorisieren
52 erleben

„Zur Polizei gehen? Muss das wirklich sein? Gibt es keine andere Möglichkeit, das Problem zu lösen? Können Sie nicht mit ihm sprechen?"

Patrick überlegt.

5 „Was halten Sie von folgendem Vorschlag: Sie treffen sich mit ihm an einem Ort, wo es andere Menschen gibt und sprechen mit ihm. Ich werde in Ihrer Nähe sein, falls es Probleme geben sollte."

„Das ist eine gute Idee. Vielen Dank. Jetzt bin ich erleich-
10 tert[53] und kann hoffentlich wieder richtig schlafen. Ich bin auch müde."

„In Ordnung. Wir telefonieren morgen und besprechen dann alles Weitere. Schlafen Sie gut."

Patrick und Constanze verabschieden sich von Manuela.
15 Arm in Arm verlassen beide das Haus im Moselweg. Es ist immer noch warm.

53 froh sein, dass alles gut gegangen ist

Kapitel | 9

20. Juni, 20.00 Uhr

Manuela und Tobias sitzen sich im Gutshof[54] gegenüber. Sie schweigen.

„Guten Abend, was darf ich Ihnen bringen?"

Manuela ist aufgeregt.   5

„Bringen Sie mir bitte eine Flasche Wasser ohne Kohlensäure."

„Und mir ein Bier", sagt Tobias Jäger. „Manuela, nimm doch das Schnitzel[55], das ist hervorragend, besonders mit den Bratkartoffeln[56]. Dazu ein Bier."   10

---

54 Restaurant in Wilhelmshöhe, einem Stadtteil von Kassel
55 eine dünne Scheibe Fleisch ohne Knochen
56 gebratene Scheiben von gekochten Kartoffeln

Manuela schaut ihr Gegenüber entsetzt an. Schnitzel mit Bratkartoffeln und Bier! Seit ihrer Jugend hat sie dieses Gericht[57] nicht mehr gegessen. Wenn sie etwas hasst, dann Schnitzel mit Bratkartoffeln und Bier. Sie kann diese typisch deutsche Küche nicht ausstehen.

„Herr Jäger, die deutsche Küche bekommt[58] mir nicht. Ich möchte etwas Leichtes essen."

„Ja, du hast vollkommen recht, Manuela. Ich werde auch etwas Leichtes bestellen. Eine große Salatplatte. Es ist dumm von mir, am Abend noch Schnitzel zu essen. Ich bin so froh, dass du gekommen bist. Wir werden in Zukunft viel miteinander unternehmen. Wir können am nächsten Wochenende gemeinsam ins Konzert gehen oder nach Frankfurt[59] fahren. Ich habe Karten für das Konzert der ‚Toten Hosen'[60] gekauft. Ich freue mich, dass wir endlich zusammen sind. Wie lange habe ich diesen Augenblick herbeigesehnt[61]!"

Manuela ist sprachlos. Sie weiß nicht, was sie sagen soll.

„Haben Sie inzwischen gewählt?" Die Bedienung stellt das Wasser und das Bier auf den Tisch.

„Bitte bringen Sie mir einen Salatteller mit Meeresfrüchten", sagt Manuela.

„Ja, mir bitte auch. Ich liebe die italienische Küche. Und bringen Sie bitte einen halben Liter Chianti mit zwei Gläsern."

„Gern", sagt die Kellnerin und geht.

---

57 Essen
58 nicht vertragen
59 Großstadt im Bundesland Hessen; *www.frankfurt.de*
60 Musikgruppe aus Düsseldorf, Rockmusiker
61 besonders stark wünschen

„Herr Jäger, ich trinke keinen Rotwein und erst recht nicht zum Salat. Bitte hören Sie auf, so zu reden. Sie benehmen sich, als wären wir schon Jahre zusammen."

„Aber Manuela, ich mag dich doch, was ist denn los, warum reagierst du so?" 5

„Herr Jäger, ich will nicht mit Ihnen zusammen sein. Ich bitte Sie, lassen Sie mich in Ruhe. Ich möchte nicht …"

„Aber Manuela, ich habe dir doch nichts Böses getan. Ich liebe dich. Und du liebst mich auch. Du bedeutest alles für mich." Tobias macht eine kleine Pause. „Wie du mich im 10 Sprachkurs immer anschaust! Wie du meine Hand berührt hast, als du mit Absicht den Kugelschreiber auf den Boden geworfen hast. Ich weiß es doch, du liebst mich auch. Wir sind füreinander bestimmt. Du kannst machen, was du willst, ich werde dich immer lieben, bitte, lass uns zusam- 15 menbleiben."

Er legt seine Hand auf ihre rechte Hand. Entsetzt[62] zieht Manuela die Hand vom Tisch.

„Lassen Sie das, ich möchte das nicht. Ich glaube, es ist besser, ich gehe jetzt." 20

Manuela blickt um sich. Sie sieht Patrick Reich. Er macht eine beruhigende Handbewegung in ihre Richtung. Für den Augenblick fühlt sich Manuela sicher.

„Manuela, bitte, bleib, ich fasse dich nicht an. Ich mache ja, was du willst." 25

„Gut. Wir können noch gemeinsam essen. Aber ich bitte Sie, lassen Sie mich in Zukunft in Ruhe. Bitte rufen Sie mich nie wieder an, und ich möchte auch keine Blumen mehr von

62 schockiert sein

Ihnen. Bitte parken Sie nicht mehr vor meiner Wohnung. Meine Vermieterin denkt schon, Sie wohnen bei mir."

„Wäre das denn so schlimm, Manuela?"

„Ich will nichts von Ihnen, Sie sind nicht mein Typ. Alles,
5 was Sie mögen, mag ich nicht. Nie habe ich mit Absicht Ihre Hand berührt. Ich habe Sie nie besonders angeschaut. Sie irren sich! Lassen Sie mich bitte in Ruhe."

„Manuela, sag endlich, dass du mich magst. Wir gehören zusammen, für immer."
10 Manuela steht auf. Sie legt dreißig Euro auf den Tisch und verlässt schnell das Restaurant.

Kapitel | 10

26. Juni

Patrick ist gespannt[63], ob Manuela und Tobias zur vorletzten
Spanischstunde in die Volkshochschule kommen. Eigentlich
kann er sich das kaum vorstellen, nach dem, was am 20.6.
geschehen ist. Es gibt drei Möglichkeiten: 5

1. Manuela nimmt am Unterricht teil und Tobias bleibt
   dem Unterricht fern.
2. Tobias erscheint[64] ohne Manuela.
3. Manuela und Tobias sind beide da.

63 sehr neugierig sein
64 kommen

Privatdetektiv Patrick Reich weiß nur, dass sich Manuela in einer sehr schwierigen Situation befindet. Einerseits leidet sie unter der Gegenwart von Tobias, andererseits möchte sie sich nicht von einem anderen Menschen zu etwas zwingen
5 lassen.

Um 20 Uhr betritt Carmen Alonso den Kursraum. Sie blickt um sich. Von den acht angemeldeten Teilnehmern sind nur sechs anwesend. Das ist ungewöhnlich. Wenn ein Kurs mit acht Teilnehmern beginnt, halten diese auch bis zum Ende
10 durch. Für einen Moment ist Carmen Alonso unsicher. Sie fragt sich, ob das Fehlen von zwei Teilnehmern etwas mit ihrem Unterricht zu tun hat.

Patrick hat heute Schwierigkeiten, sich auf den Unterricht zu konzentrieren. Er blickt auf die Plätze, auf denen bis
15 letzte Woche noch Manuela und Tobias gesessen hatten. Viele Gedanken gehen durch seinen Kopf. Hat er die Situation richtig analysiert? Hätte er sich mehr um Manuela kümmern sollen? Hätte er mit Tobias sprechen müssen? Hätte er die Polizei einschalten[65] müssen? So viele Fragen und keine
20 Antworten.

„Patrick, lesen Sie bitte laut." Constanze zeigt ihrem Freund mit dem Finger wieder einmal, was er im Buch lesen soll. Patrick entschuldigt sich für seine Unaufmerksamkeit.

20.15 Uhr

25 Es klopft an der Tür.
„Herein!"

---

65 benachrichtigen

„Entschuldigen Sie bitte meine Verspätung. Ich wurde durch einen Unfall aufgehalten."
Tobias Jäger geht zu seinem Stuhl und setzt sich hin. Patrick fragt sich, wo sich Manuela zurzeit befindet.

Kapitel | 11

5. Juli

Patrick und Constanze stehen an diesem Samstag gemeinsam spät auf. Sie genießen es, in aller Ruhe lange und ausgiebig zu frühstücken. Heute hat Patrick das Frühstück vorbereitet: Butter, Brötchen, Marmelade, Käse, Aufschnitt, zwei
weichgekochte Eier, Kaffee und Orangensaft. Freundliche
Nachbarn haben ihnen die Tageszeitung vor die Tür gelegt.
Patrick liebt es, als erster die Zeitung zu lesen. Die gelesenen
Seiten gibt er dann Constanze.

Patrick öffnet den Lokalteil[66].

„Nein", ruft er laut, „das darf doch nicht wahr sein."

„Was ist los, Patrick, du zitterst ja am ganzen Körper."
Patrick gibt die Zeitung seiner Freundin.

---

66 Teil einer Zeitung mit den Nachrichten über den Ort, in dem die
Zeitung erscheint

„Unbekannte Tote im Wald hinter dem Herkules[67]
aufgefunden. Die Polizei bittet die Bevölkerung um
Mithilfe bei der Identifizierung der Frau.
Alter: 25 – 30 Jahre
Größe: 1,74 m   5
braune Augen
kurze dunkle Haare
Sachdienliche Hinweise bitte an die Polizei in Kassel
oder an jede andere Dienststelle der Polizei.
Hinweise werden vertraulich[68] behandelt.“   10

67 Wahrzeichen von Kassel; *www.museum-kassel.de*
68 diskret

„Das hat so kommen müssen", sagt Patrick. Mehr sagt er nicht. „Das hat so kommen müssen", wiederholt er mit trauriger Stimme.

Auch Constanze ist fassungslos[69]. Sie lassen das Frühstück
5 stehen. Patrick Reich ruft seinen Freund, Kriminalhauptkommissar Richard Tauber, an.

Er teilt ihm die Beobachtungen mit, die er im Spanischkurs und im Gutshof gemacht hat. Er berichtet Richard Tauber über das gemeinsame Gespräch vom 19. Juni in der Woh-
10 nung von Manuela Fröhlich.

„Das reicht für einen Haftbefehl[70]", sagt Richard Tauber. „Natürlich muss ich noch einige Untersuchungen im Umfeld[71] der Toten durchführen. Danke, Patrick, du hast mir wirklich sehr geholfen. Dafür schulde ich dir ein Essen.
15 Deine Freundin ist auch eingeladen. Ich lasse von mir hören."

---

69 so überrascht sein, dass man nichts mehr sagen kann
70 der schriftliche Beschluss eines Richters, um jemanden ins Gefängnis zu bringen
71 soziale Umgebung

Kapitel | 12

7. Juli, 11.00 Uhr

Kriminalhauptkommissar Richard Tauber befragt Personen
aus dem Umfeld von Manuela Fröhlich.

„Frau Abendrot, wie gut kannten Sie die Tote?"

„Sehr gut. Sie hat sich in den letzten zwei Jahren liebevoll 5
um mich gekümmert. Mein Vertrauen zu Manuela ist ... war
groß. In meinem Testament steht sie als Alleinerbin[72]."

„Ich möchte nicht indiskret sein, Frau Abendrot. Darf ich
das Testament sehen?"

„Natürlich. Wenn es Ihnen hilft, den Mord aufzuklären. 10
Augenblick bitte, ich hole es."

72 nur eine Person erhält Geld und Besitz

Richard Tauber wartet gespannt. Liegt im Testament das Motiv für den Mord? Luise Abendrot kommt langsam zurück. Sie zittert.

„Herr Kommissar, ich bin zwar alt, aber nicht senil. Ich weiß
5 genau, dass ich den Umschlag verschlossen hatte. Sehen Sie selbst."

Richard Tauber zieht Plastikhandschuhe an. Vorsichtig nimmt er das Testament aus dem Umschlag und liest es.

Mein letzter Wille
10 *Hiermit erkläre ich im Vollbesitz meiner geistigen*
Kräfte meinen letzten Willen.
Ich vermache mein gesamtes bewegliches und
unbewegliches Vermögen[73] Manuela Fröhlich,
Moselweg 10, 34131 Kassel.
15 *Ich danke Manuela für die liebevolle Betreuung.*
Meinem Enkel Matthias Macht vermache ich 5000 Euro.
Mein früheres Testament zugunsten meines Enkels
widerrufe[74] ich.
Kassel, den 25. Juni

20 „Hat außer Manuela noch jemand einen Wohnungs-schlüssel?"

„Ja." Luise Abendrot macht eine kleine Pause und sagt dann leise: „Mein Enkel Matthias Macht."

„Danke Frau Abendrot. Sie haben mir sehr geholfen."

---

73 der gesamte Besitz
74 etwas für nicht mehr gültig erklären; das Gegenteil sagen

7. Juli, 18.30 Uhr

Richard Tauber ruft seinen Freund Patrick Reich an.
„Hallo Patrick. Ich habe Neuigkeiten für dich. Tobias Jäger kann nicht der Mörder sein. Er hat für die Tatzeit ein Alibi."
„Sicher?" 5
„Ja."
„Und? Wer hat Manuela Fröhlich umgebracht?"
„Matthias Macht, der Enkel von Frau Abendrot. Er hat das Testament seiner Großmutter gefunden. Den Rest kannst du dir denken. Matthias Macht hat ein Geständnis[75] 10

75 die Wahrheit sagen; vor der Polizei sagen, dass man etwas Verbotenes getan hat

abgelegt. Wir haben in seiner Wohnung Gift gefunden. Er hatte den Tod seiner Großmutter geplant. Er brauchte dringend Geld, viel Geld, um seine Schulden zu bezahlen. Er hat auch zugegeben, dass er seine Großmutter vergiften wollte."

5   „Danke für die Information."

„Patrick, treffen wir uns morgen zum Essen?"

„Gute Idee."

„Wo?"

„Im Gutshof."

10 Tobias Jäger hat eine Therapie begonnen. Constanze und Patrick lernen weiter Spanisch.

Übungen

Kapitel 1

Ü 1 Welches Wort gehört nicht dazu?
1. Anmeldung, Ausstellung, Frühstücksbuffet, Hotel, Übernachtung, Zimmerservice
2. Besichtigungsprogramm, Museum, Stadtplan, Stadtrundfahrt, Souvenir, Tagestour, Telefon
3. joggen, laufen, reiten, sonnen, tauchen, schwimmen
4. Natur, Strand, Sonne, Markt, Meer, Sand, Wasser

Kapitel 2

Ü 2 Bringen Sie die Sätze in die richtige Reihenfolge.
a. Constanze prostet Patrick zu.
b. Noch nie haben Constanze und Patrick so gut gegessen.
c. Zum Abschluss des Essens trinken sie einen Likör.
d. Sie können die Speisekarte nicht lesen.
e. Der Kellner lacht freundlich.
f. Constanze zieht sich die blaue Bluse an.
g. Der Kellner nimmt Constanze mit in die Küche.

1	2	3	4	5	6	7

Kapitel 3

Ü 3   Richtig oder falsch? Kreuzen Sie an.

	richtig	falsch
1. Patrick telefoniert den ganzen Nachmittag.	☐	☐
2. Seit dem Urlaub hat sich im Berufsleben von Patrick vieles geändert.	☐	☐
3. Patrick erkennt am Telefon nicht die Nummer seiner Freundin.	☐	☐
4. Patrick hat Lust zu rauchen.	☐	☐
5. Auf dem Arbeitstisch des Detektivs steht ein Foto seiner Freundin.	☐	☐
6. Constanze meldet sich und ihren Freund für einen Spanischkurs an.	☐	☐
7. Constanze und Patrick wollen sich in einem italienischen Restaurant treffen.	☐	☐

Kapitel 4

Ü 4   Welche Zusammenfassung ist richtig?

A   Alle Kursteilnehmer/innen wollen für den nächsten Urlaub Spanisch lernen. Am Ende des ersten Kursabends können sie auf Spanisch sagen, wie sie heißen, woher sie kommen und welchen Beruf sie haben.

B   Am ersten Kursabend lernen sich die Kursteilnehmer/
innen kennen. Alle reden sich mit Vornamen an.
Tobias hat sich nach der Pause neben Manuela
gesetzt. Beide werden von Patrick beobachtet.

C   In der Pause unterhalten sich die Kursteilnehmer/
innen. Fünf Frauen und drei Männer lernen aus
unterschiedlichen Gründen Spanisch. Patrick lernt
sehr konzentriert.

Kapitel 5

Ü 5   Was gehört zusammen?

1. Zufall	a. das Gefühl, dass man in Gefahr ist
2. Freude	b. ein Ereignis, das nicht geplant war
3. Angst	c. etwas oft tun
4. Unruhe	d. eine Verbindung oder Beziehung zwischen Dingen oder Tatsachen
5. Konzentration	e. ein Zustand, in dem man nervös ist
6. Angewohnheit	f. ein Gefühl von Glück und Zufriedenheit
7. Zusammenhang	g. besonders aufmerksam sein

Kapitel 6

Ü 6   Was gehört zusammen?

1.	sich für ein Geschenk	a.	bitten
2.	jemandem ein Vermögen	b.	wechseln
3.	ins Wort	c.	vermachen
4.	sich um jemanden	d.	fallen
5.	ängstlich	e.	liegen
6.	um Geld	f.	lassen
7.	in Ruhe	g.	bedanken
8.	das Thema	h.	sein
9.	vor der Tür	i.	kümmern

Kapitel 7

Ü 7   Ergänzen Sie bitte das fehlende Wort.

1. Manuela geht … die Küche.
2. … der Haustür liegt ein Brief.
3. Es duftet … frischem Kaffee.
4. „Ich möchte … Ihnen zusammen sein."
5. „Ich will mehr … Sie wissen."
6. „Ich halte Sie … meinen Armen fest."
7. Manuela steht … und öffnet die Fenster.
8. Sie freut sich … den Spanischkurs.
9. Carmen ist … den Lernerfolgen ihrer Kursteilnehmer zufrieden.
10. Tausend Gedanken gehen ihr … den Kopf.
11. Es kommen keine Worte … ihre Lippen.
12. … Panik verlässt sie den Kursraum.

Kapitel 8

Ü 8   Haben Sie das im Text gelesen?

	Ja	Nein
1. Constanze, Patrick und Manuela sitzen nach dem Spanischkurs in einem Café.	☐	☐
2. Manuela ist froh, dass eine Frau anwesend ist.	☐	☐
3. Manuela weiß nicht, wer ihr den Brief geschrieben hat.	☐	☐
4. Patrick Reich rät Manuela, nicht zur Polizei zu gehen.	☐	☐
5. Patrick Reich und Constanze verlassen Arm in Arm den Moselweg.	☐	☐

Kapitel 9

Ü 9   Füllen Sie die „mind-map" zum Thema *Essen und Trinken* aus.

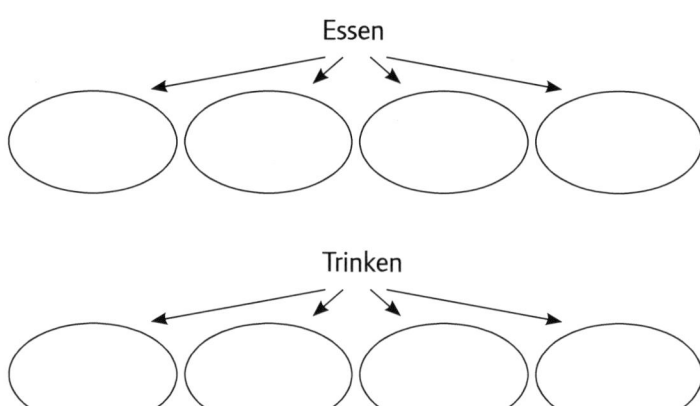

Kapitel 10

Ü 10   Kreuzen Sie an.

1. Wie viele Teilnehmer/innen hatte der Spanischkurs am Anfang?
   a. Sechs Teilnehmer/innen. ☐
   b. Sieben Teilnehmer/innen. ☐
   c. Acht Teilnehmer/innen. ☐

2. Wer ist in die vorletzte Spanischstunde nicht gekommen?
   a. Tobias. ☐
   b. Manuela. ☐
   c. Tobias und Manuela. ☐

3. Warum hat Patrick Reich Schwierigkeiten, sich zu konzentrieren?
   a. Er hat in der letzten Nacht schlecht geschlafen. ☐
   b. Er fragt sich, wo sich Manuela zurzeit befindet. ☐
   c. Er hat Streit mit Constanze. ☐

Kapitel 10 und 11

Ü 11   Unser Drucker hat keine Tinte mehr. Vervollständigen Sie bitte den Text.

Manuela befindet sich in einer sch… Lage. Sie lei…
unter der Gegenwart von Tobias. Patrick ist ge…, ob
Manuela an der vorletzten Spanisch… teilnehmen wird.
Am achten Kursabend sind nur sechs Teil… anwesend.
Das ist unge… . Als Patrick zwei Tage später den Lokal-
teil der Ze… liest, ist er erschrocken. Auch Constanze ist

fass…los. Er ruft Richard Tauber an und be… ihm über das ge…e Gespr… vom 19. Juni in der Wohnung von Manuela Fröhlich. Der Kommissar da… seinem Freund für die Informationen.

Ü 12 Welche Zusammenfassung ist richtig?

A Patrick und Constanze stehen am Sonnabend sehr früh auf. Patrick und Constanze frühstücken wenig. Sie trinken schnell einen Kaffee und Patrick liest die Zeitung. „Nein", ruft er laut, „das darf doch nicht wahr sein."

B Patrick steht an diesem Samstag vor Constanze auf. Heute hat Patrick das Frühstück vorbereitet. Es gibt ein typisch deutsches Frühstück mit Butter, Brötchen, Marmelade, Käse, Aufschnitt, zwei weichgekochten Eiern, Kaffee und Orangensaft. Patrick liest die Zeitung. „Nein", ruft er laut, „das darf doch nicht wahr sein."

C Patrick und Constanze stehen an diesem Samstag gemeinsam spät auf. Sie genießen es, in aller Ruhe lange und ausgiebig zu frühstücken. Patrick liebt es, als erster die Zeitung zu lesen. Die gelesenen Seiten erhält Constanze. „Nein", ruft er laut, „das darf doch nicht wahr sein."

Kapitel 12

Ü13 Tragen Sie die Antworten in die Kästchen ein.

1. In welchem Land machen Patrick und Constanze Urlaub? (Kap.1)
2. Mit welchem Verkehrsmittel fahren Constanze und Patrick von dem Hotel zum Restaurant? (Kap.2)
3. Wie heißt ein beliebtes Ferienziel der Deutschen? (Kap.1)
4. Wie heißt die Spanischlehrerin mit Nachnamen? (Kap.4)
5. Welches Tier hat Manuela? (Kap.5)
6. Was möchte der Enkel Matthias von Frau Abendrot? (Kap.6)
7. Wie heißt der Kriminalhauptkommissar mit Vornamen? (Kap.11)

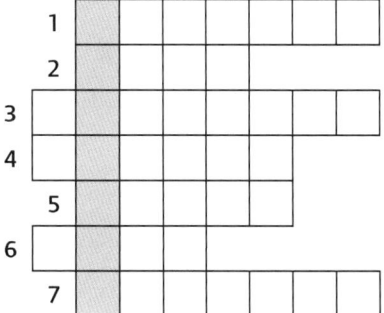

Wie lautet das Lösungswort? _____

Ü14 Tragen Sie die Antworten in die Kästchen ein.

1. In welcher Straße wohnt das Opfer?
2. Wie lautet der Vorname des Enkels?
3. Wie lautet der Vorname von Frau Fröhlich?
4. In welcher Stadt spielt die Geschichte?
5. Wie heißt das Wahrzeichen von Kassel?
6. Wie heißt die Nachbarin von Manuela?
7. Wie heißt der Kriminalhauptkommissar?

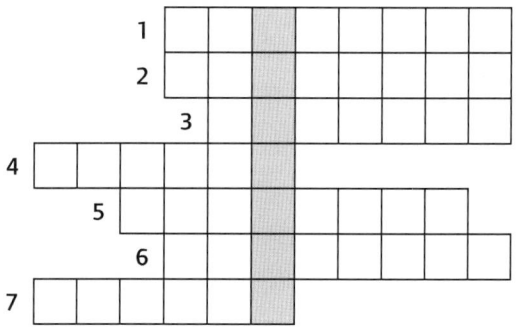

Erkennen Sie das Lösungswort? _____

Ü15 Schlagen Sie eine Überschrift für Kapitel 12 vor.

Ü16 An welcher Stelle der Geschichte haben Sie gewusst, dass Matthias Macht der Mörder von Manuela ist?

Ü17 Sie sind Journalist/in. Schreiben Sie eine Kurzmeldung mit dem Titel „Mörder von Manuela Fröhlich festgenommen".

Lösungen

Kapitel 1
Ü1   1. Ausstellung; 2. Telefon; 3. sonnen; 4. Markt

Kapitel 2
Ü2   f, d, e, g, b, c, a

Kapitel 3
Ü3   richtig: 3, 4, 5
      falsch: 1, 2, 6, 7

Kapitel 4
Ü4   B

Kapitel 5
Ü5   1 b, 2 f, 3 a, 4 e, 5 g, 6 c, 7 d

Kapitel 6
Ü6   1 g, 2 c, 3 d, 4 i, 5 h, 6 a, 7 f, 8 b, 9 e

Kapitel 7
Ü7   1. in; 2. vor; 3. nach; 4. mit; 5. über; 6. in; 7. auf; 8. auf; 9. mit;
      10. durch; 11. über; 12. in

Kapitel 8
Ü8   Ja: 2, 5
      Nein: 1, 3, 4

Kapitel 9
Ü9   Essen: Bratkartoffeln, Schnitzel, Salatteller/Salat, Meeresfrüchte
      Trinken: Bier, Mineralwasser/Wasser, Chianti/Rotwein

Kapitel 10
Ü10   1 c, 2 b, 3 b

Kapitel 10 und 11
Ü11   schwierigen, leidet, gespannt, Spanischstunde, Teilnehmer, unge-
      wöhnlich, Zeitung, fassungslos, berichtet, gemeinsame, Gespräch,
      dankt

Ü 12   richtig: C

Kapitel 12

Ü 13   1 Spanien
    2 Taxi
    3 Mallorca
    4 Alonso
    5 Katze/Kater
    6 Geld
    7 Richard
    Lösungswort: Stalker

Ü 14   1 Moselweg
    2 Matthias
    3 Manuela
    4 Kassel
    5 Herkules
    6 Abendrot
    7 Tauber
    Lösungswort: Stalker

Notizen

MP3:
Liebe bis in den Tod
Ein Fall für Patrick Reich

Gelesen von Maria Koschny

Regie:	Susanne Kreutzer
	Christian Schmitz
Toningenieur:	Christian Schmitz
Studio:	Clarity Studio Berlin

unter www.cornelsen.de/daf-bibliothek/audios